Coleção Eu gosto m@is

CÉLIA PASSOS

Cursou Pedagogia na Faculdade de Ciências Humanas de Olinda – PE, com licenciaturas em Educação Especial e Orientação Educacional. Professora do Ensino Fundamental, do Ensino Médio (Magistério) e coordenadora escolar de 1978 a 1990.

ZENEIDE SILVA

Cursou Pedagogia na Universidade Católica de Pernambuco, com licenciatura em Supervisão Escolar. Pós-graduada em Literatura Infantil. Mestra em Formação de Educador pela Universidade Isla, Vila de Nova Gaia, Portugal. Assessora Pedagógica, professora do Ensino Fundamental e supervisora escolar desde 1986.

LIZETE MERCADANTE MACHADO

Formada em História pela Faculdade de Filosofia, Ciências e Letras de São José dos Campos, com mestrado em História do Brasil pela Universidade de Campinas (Unicamp), trabalhou no magistério por mais de 15 anos, em escolas particulares e públicas da educação básica. Vem atuando na área editorial por cerca de 40 anos, como editora de obras didáticas, de ficção e não ficção em diversas empresas do ramo do livro. É autora e colaboradora de obras didáticas e paradidáticas, além de editora de coleções para programas de governo e mercado privado.

2º ANO
ENSINO FUNDAMENTAL

4ª edição
São Paulo
2020

HISTÓRIA

Coleção Eu Gosto Mais
História 2º ano
© IBEP, 2020

Diretor superintendente	Jorge Yunes
Diretora adjunta editorial	Célia de Assis
Coordenadora editorial	Adriane Gozzo
Assessoria pedagógica	Valdeci Loch
Editor	Rodrigo Novaes
Assistente editorial	Selma Gomes
Revisores	Denise Santos, Janaína Silva, Jaci Albuquerque e Cássio Pelin
Secretaria editorial e processos	Elza Mizue Hata Fujihara
Coordenadora de arte	Karina Monteiro
Assistente de arte	Aline Benitez e Lye Longo Nakagawa
Assistentes de iconografia	Victoria Lopes, Irene Araújo e Ana Cristina Melchert
Ilustração	João Anselmo e Izomar, José Luís Juhas
Assistente de produção gráfica	Marcelo Ribeiro
Projeto gráfico e capa	Departamento de Arte - Ibep
Ilustração da capa	Manifesto Game Studio/BoxEdea
Diagramação	ED5/Formato Comunicação

CIP-BRASIL. CATALOGAÇÃO NA PUBLICAÇÃO
SINDICATO NACIONAL DOS EDITORES DE LIVROS, RJ

P32e
4. ed.

Passos, Célia
  Eu gosto mais : história : 2º ano : ensino fundamental / Célia Passos, Zeneide Silva, Lizete Mercadante Machado. - 4. ed. - São Paulo : IBEP, 2020.
    : il.   (Eu gosto mais)

  ISBN 978-65-5696-002-9 (aluno)
  ISBN 978-65-5696-003-6 (professor)

1. História - Estudo e ensino (Ensino fundamental). I. Silva, Zeneide. II. Machado, Lizete Mercadante. III. Título. IV. Série.

20-64035
CDD: 372.89
CDU: 373.3.016:94

Meri Gleice Rodrigues de Souza - Bibliotecária CRB-7/6439
20/04/2020   22/04/2020

4ª edição – São Paulo – 2020
Todos os direitos reservados

Rua Gomes de Carvalho, 1306, 12º andar, Vila Olímpia
São Paulo - SP - 04547-005 - Brasil - Tel.: (11) 2799-7799
www.editoraibep.com.br editoras@ibep-nacional.com.br

APRESENTAÇÃO

Querido aluno, querida aluna,

Elaboramos para vocês a **Coleção Eu gosto m@is**, rica em conteúdos e atividades interessantes, para acompanhá-los em seu aprendizado.

Desejamos muito que cada lição e cada atividade possam fazer vocês ampliarem seus conhecimentos e suas habilidades nessa fase de desenvolvimento da vida escolar.

Por meio do conhecimento, podemos contribuir para a construção de uma sociedade mais justa e fraterna: esse é o nosso objetivo ao elaborar esta coleção.

Um grande abraço,

As autoras

SUMÁRIO

LIÇÃO		PÁGINA

1 — Eu tenho documentos — 6
- Todos temos nomes 6
- Os documentos pessoais nos identificam ... 10
- Sua impressão digital é sua marca 14

2 — Eu tenho uma moradia — 23
- As moradias são diferentes 23
- Todas as pessoas precisam de abrigo e proteção 27

3 — A passagem do tempo — 33
- Que horas são? 35

4 — O tempo e a História — 45
- Um poema sobre o tempo 45
- Há muito tempo e agora 49

5 — Os registros da história — 55
- Os objetos contam histórias 55
- A história pessoal 56
- A história coletiva 57
- Museus são lugares de histórias 58
- Os textos e as imagens contam histórias 59
- Os áudios e os filmes contam histórias 60
- Os lugares contam histórias 63

LIÇÃO		PÁGINA

6 O mundo do trabalho — 69
- O que é trabalho?..69
- O trabalho remunerado e as profissões.....70
- Profissões que desapareceram...................75

7 O trabalho perto de você — 80
- O trabalho doméstico................................82
- Os trabalhadores da comunidade..............83
- Os tipos de trabalhadores.........................85
- Criança não trabalha.................................86
- Atividades da criança em casa...................87
- Da natureza para a nossa casa...................90

8 Datas comemorativas — 96
- Dia Nacional do Livro Infantil....................96
- Dia do Indígena...98
- Dia da chegada dos portugueses ao Brasil..101
- Dia do Trabalhador..................................103
- Dia das Mães...105
- Festas Juninas...107
- Dia dos Pais...109
- Dia da Árvore..111

ADESIVOS — 113

LIÇÃO 1

Eu tenho documentos

Todos temos nomes

Todas as pessoas recebem um nome ao nascer. É um direito de todos ter nome e sobrenome.

Meu nome é Sofia da Silva Siqueira. Sofia significa "sabedoria" em grego. Minha mãe escolheu esse nome para mim porque achou muito bonito.

ILUSTRAÇÕES: JOÃO ANSELMO E IZOMAR

Meu nome é Renato Pereira. Renato quer dizer "alguém que nasceu de novo". Todos em casa me chamam de Renatinho, porque sou o filho mais novo.

Meu nome é Adriana Mara Espósito. Meu apelido é Drica. Meus pais escolheram esse nome para mim em homenagem à minha avó.

Meu nome é André Delgado de Lima. Meu apelido é Deco. Foi minha avó quem escolheu meu nome, que significa "corajoso".

Eu sou Mitiko Nakamoto. Mi é o meu apelido. Tenho uma amiga que tem o mesmo apelido, mas outro nome: Mirna.

Meu nome é Carlos Batista Santos. Meu apelido é Carlinhos. Meu pai escolheu esse nome para mim em homenagem a um escritor brasileiro chamado Carlos Drummond de Andrade.

- E você? Qual é o seu nome completo?
- Quem escolheu o seu nome?
- Por que você tem esse nome?
- Qual é o significado do seu nome?
- Você tem algum apelido?

ATIVIDADES

1 Desenhe, nos espaços a seguir, dois amigos e escreva o nome completo deles.

2 Em relação aos amigos que você desenhou, responda.

- Amigo 1:

a) Quem escolheu o nome dele?

_____

b) Por que ele tem esse nome?

_____

_____

c) Qual é o significado do nome dele?

_____

_____

- Amigo 2:

a) Quem escolheu o nome dele?

_____

b) Por que ele tem esse nome?

_____

_____

c) Qual é o significado do nome dele?

_____

_____

Os documentos pessoais nos identificam

Existem documentos que servem para nos identificar. São os documentos pessoais.

A primeira informação desses documentos é o nosso nome. Além do nome, esses documentos trazem outras informações importantes sobre nós.

São exemplos de documentos pessoais: a certidão de nascimento, a carteira de identidade, a carteira de vacinação, a carteira escolar, a carteira de habilitação etc.

Todas as pessoas precisam ter documentos pessoais. Eles permitem que sejamos identificados como cidadãos, sujeitos com direitos e deveres.

Certidão de nascimento.

Carteira Nacional de Habilitação (CNH).

A certidão de nascimento

Em nossa **certidão de nascimento** estão registradas informações sobre o nosso nascimento: o nome dos nossos pais e avós maternos e paternos, o dia, a hora e a cidade onde nascemos.

Observe a certidão de nascimento de Marina.

Marina nasceu no dia 24 de outubro de 2011.

Ela nasceu na cidade de Maringá, no estado do Paraná.

Os pais de Marina chamam-se João Batista de Oliveira e Maria das Santile de Oliveira.

ATIVIDADE

1 Com a ajuda de um adulto, consulte a sua certidão de nascimento para completar o quadro a seguir.

Meu nome completo é _____.

Eu nasci no dia _____ de _____ do ano de _____.

Nasci na cidade de _____.

O nome da minha mãe é _____

_____.

O nome do meu pai é _____

_____.

No meu documento também estão registradas estas informações: _____

_____

_____

_____.

A carteira de identidade

A **carteira de identidade** também é chamada **Registro Geral** ou **RG**.

Observe a carteira de identidade de Daniel.

Este documento traz a fotografia, o nome dele, o nome de seus pais, o local e a data de seu nascimento.

Daniel não sabia ler nem escrever quando tirou sua carteira de identidade. Por isso, no lugar da assinatura, aparece escrito "NÃO ALFABETIZADO".

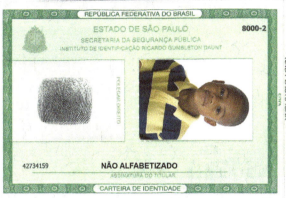

ATIVIDADE

1 Observe novamente a carteira de identidade e responda.

a) De quem é esse documento?

b) Em que data e em qual cidade essa pessoa nasceu?

c) Como os pais de Daniel se chamam?

Sua impressão digital é sua marca

Você percebeu que na carteira de identidade de Daniel há a marca de um dedo? **Impressão digital** é o nome que damos a essa marca que temos na ponta dos dedos.

Ela é única, diferente de uma pessoa para outra.

Por ser sempre única, a impressão digital é usada em documentos que servem para nos identificar, como a carteira de identidade.

Impressão digital do polegar direito de uma pessoa adulta.

ATIVIDADES

1 Agora você vai descobrir suas impressões digitais!

- Passe tinta de carimbo na ponta de seus dedos.
- Pressione cada um dos dedos sobre o espaço abaixo.
- Depois, limpe bem as mãos para não deixar suas impressões digitais em outros lugares.

Observe as marcas que existem na ponta de seus dedos. Elas são suas impressões digitais!

2 Compare suas impressões digitais com as de seus colegas.

- Elas são iguais ou diferentes?

A carteirinha escolar

Você já parou para observar sua carteirinha escolar? Geralmente, nesse documento constam o nome e a data de nascimento do aluno. Por isso a carteirinha escolar é também um documento de identificação pessoal.

Mas, além disso, a carteirinha escolar é um documento que conta um pouco da história de vida do aluno, pois nela estão também outras informações, como o nome e a localização da escola, o ano letivo e a sala em que ele estuda.

Ao reunirmos os diversos documentos de uma pessoa, observando com atenção as informações contidas neles, por exemplo, as datas e os locais, podemos entender um pouco mais sobre a trajetória de vida dessa pessoa. Conhecendo, assim, os locais por onde ela passou e em quais períodos da vida ela esteve nesses lugares.

A aluna Ana Carolina frequenta o Colégio Paulo Afonso de Alcantara Filho. Em 2019 ela cursa o 2º ano.

A carteirinha da biblioteca

Em muitas escolas do Brasil, é comum que haja uma biblioteca para que os alunos possam consultar e fazer empréstimos dos livros.

Há cidades que possuem uma ou mais bibliotecas públicas, disponibilizando aos moradores dessas localidades livros, jornais e revistas para consultas e também para empréstimos.

Para utilizar os serviços disponíveis em uma biblioteca, é necessário inscrever-se, fornecendo seus dados pessoais, que devem ser comprovados com um documento de confirmação de endereço (conta de luz, de água ou outra correspondência qualquer) e um documento com foto (a carteira de identidade ou a carteirinha escolar, por exemplo). Caso a pessoa seja menor, isto é, tenha menos de 18 anos, deverá apresentar uma autorização assinada pelos pais ou cuidadores, ou seja, um documento confirmando que os responsáveis por essa pessoa sabem que ela está se inscrevendo na biblioteca.

Ao fazer essa inscrição, recebemos uma carteirinha que nos identifica e também serve como um registro dos livros que pegamos emprestado na biblioteca. Ao final de um ano, por exemplo, temos marcado nessa carteirinha o histórico de todos os livros que lemos.

Você frequenta alguma biblioteca? Da escola ou do bairro?

ATIVIDADES

1 Identifique os documentos pessoais, numerando-os.

| 1 | Certidão de nascimento. | 3 | Carteira nacional de habilitação. |
| 2 | Carteirinha escolar. | 4 | Carteira de identidade. |

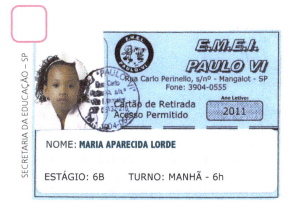

2 Com a ajuda dos adultos que vivem com você, marque com um **X** os documentos que você possui.

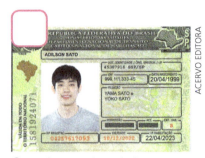
Carteira nacional de habilitação.

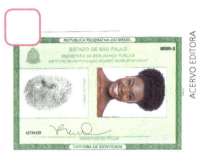
Carteira de identidade.

Título de eleitor.

Certidão de nascimento.

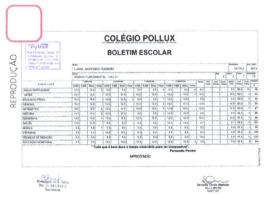
Boletim escolar.

Carteira de vacinação.

Cuide bem de seus documentos. Eles são importantes para você exercer seus direitos e conhecer sua história.

EU GOSTO DE APRENDER

Com o professor e os colegas, leia o que você estudou nesta lição.

- Todos nós temos direito a um nome e a um sobrenome.
- Os documentos pessoais nos identificam como cidadãos.
- Existem diferentes documentos pessoais.
- A certidão de nascimento e a carteira de identidade são exemplos de documentos pessoais.
- A impressão digital é uma marca individual e é usada em documentos que servem para nos identificar.
- Documentos como a carteirinha escolar e a da biblioteca podem nos dar pistas sobre a história e a trajetória de uma pessoa.

LEIA MAIS

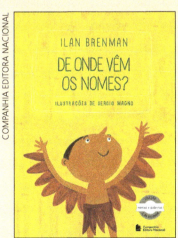

De onde vêm os nomes?

Ilan Brenman. São Paulo: Companhia Editora Nacional, 2014.

Qual é a origem do seu nome? Muitas vezes, o nome do bebê é escolhido em homenagem a avós, tios, pessoas marcantes na vida dos pais. Nesse livro, o autor apresenta a origem de vários nomes: da letra **A** até a letra **Z**.

EU GOSTO DE APRENDER +

Cartão do deficiente e do idoso

Você já viu estes símbolos em algum lugar?

Esses símbolos são usados para identificar pessoas com deficiência e também idosos (adultos com mais de 60 anos).

São símbolos conhecidos no mundo todo. Em qualquer lugar do Brasil ou fora do país, esses símbolos representam as mesmas informações.

Aqui, no Brasil, é obrigatório que todos os estacionamentos públicos e privados tenham vagas exclusivas para essas pessoas.

Para que pessoas com deficiência e idosos possam usar essas vagas, eles devem ter um cartão de identificação e colocar no vidro do carro um adesivo com um dos símbolos, identificando sua necessidade.

- Você conhece pessoas que possuem o cartão do deficiente ou do idoso? Quem são essas pessoas?
- Você já presenciou alguma pessoa utilizando essas vagas? Onde?
- Na sua família, há alguma pessoa com deficiência? Conte para os colegas e para o professor como é a rotina dessa pessoa.

ATIVIDADES COMPLEMENTARES

1 Marque um **X** nos documentos pessoais que podem nos fornecer informações sobre a história de vida e a trajetória das pessoas.

☐ Certidão de nascimento. ☐ Carteirinha escolar.

☐ Manual de instruções. ☐ Jornal do bairro.

☐ RG. ☐ Folheto de supermercado.

2 Utilizando as informações dos documentos a seguir, escreva uma história de vida para Davi Lucas.

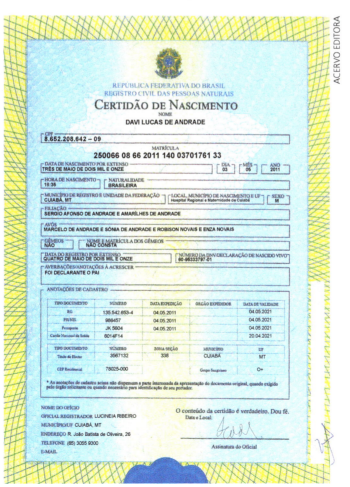

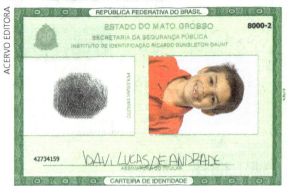

LIÇÃO 2

Eu tenho uma moradia

As moradias são diferentes

As **moradias** são os locais onde as pessoas vivem. Elas devem oferecer abrigo e proteção. Todas as pessoas têm direito a uma moradia.

Nas fotos desta página e da página seguinte, você pode observar que existem diferentes tipos de moradias.

Casa de madeira em Manaus (AM). Foto de 2010.

Conjunto de prédios residenciais na cidade de Manaus (AM). Foto de 2012.

Casa de tijolos em Prados (MG). Foto de 2013.

Moradia do povo indígena Kamayurá, Mato Grosso. Foto de 2013.

Todas as pessoas vivem em algum tipo de moradia.

Algumas moram em prédios com vários apartamentos; outras, em casas com quintal.

Há ainda pessoas que moram em casas feitas de madeira ou em casas construídas dentro de sítios ou fazendas.

Sítio na Serra da Mantiqueira, Minas Gerais. Foto de 2014.

Moradias na cidade de Búzios (RJ). Foto de 2012.

Conjunto habitacional em Paulo Afonso (BA). Foto de 2012.

Palafitas em Manaus (AM). Foto de 2013.

Converse com o professor e com os colegas:
- Você mora em casa ou apartamento?
- Você acha importante ter onde morar?
- Como seria sua vida se você não tivesse um lugar para morar?

ATIVIDADES

1 Como é sua moradia? Assinale as alternativas com características que você encontra na sua moradia.

- ☐ Recente.
- ☐ Antiga.
- ☐ Feita de madeira.
- ☐ Feita de tijolos.
- ☐ Pequena.
- ☐ Grande.

2 O que tem em volta de sua moradia?

- ☐ Muitos vizinhos.
- ☐ Garagem.
- ☐ Poucos vizinhos.
- ☐ Piscina.
- ☐ Varanda.
- ☐ Árvores.
- ☐ Quintal.
- ☐ Jardim.

3 Desenhe o lugar de que você mais gosta na sua moradia.

4 Com a ajuda de algum adulto com quem você vive, responda.

a) Qual é o nome da rua onde fica sua moradia?

_____

b) Há quanto tempo você e sua família vivem nessa moradia?

_____

c) O que vocês fazem para manter a moradia sempre bem--arrumada?

_____

_____

_____

5 Faça, no espaço a seguir, um desenho de sua moradia.

Todas as pessoas precisam de abrigo e proteção

As moradias oferecem a proteção e o abrigo de que as pessoas necessitam.

Também são importantes porque geralmente nelas convivem pessoas de uma mesma família.

É na moradia que as pessoas conversam, se alimentam, guardam seus pertences, descansam e aprendem umas com as outras.

- Incluindo você, quantas pessoas moram na sua casa? Quais os nomes?
- Vocês costumam receber visitas? Quem são essas visitas?
- Como recebem as visitas?

ATIVIDADES

1 Relacione as fotos aos tipos de moradia.

1 Casa de madeira. 2 Prédio residencial.

3 Palafita. 4 Casa com jardim.

2 Leia o texto e encontre a moradia de cada personagem. Use os adesivos do final do livro.

Na minha rua tem casas térreas, que são casas baixinhas como a da Terezinha.

E tem casas altas, como a de Catapimba, que tem escada dentro e chama sobrado. [...]

E tem o prédio onde mora o Alvinho, que é bem alto e até tem elevador.

Ruth Rocha. *A rua do Marcelo*. São Paulo: Salamandra, 2001.

Terezinha Catapimba Alvinho

EU GOSTO DE APRENDER

Com o professor e os colegas, leia o que você estudou nesta lição.

- O lugar onde vivemos é a nossa moradia.
- A moradia é um direito de todas as pessoas.
- Existem vários tipos de moradia: apartamentos, casas com quintal, casas em sítios, em fazendas etc.
- Na moradia, as pessoas descansam, guardam seus pertences, convivem com a família e se alimentam.

ATIVIDADES

1 Marque um **X** nos cômodos e nas construções que existem em sua casa.

☐ Jardim. ☐ Quintal.

☐ Escada. ☐ Parede de tijolo.

☐ Corredor. ☐ Parede de madeira.

2 Pinte o quadro que informa para que serve a moradia.

Comércio	Produção de automóveis
Abrigo	Criação de animais

3 Procure em revistas e jornais fotos de quatro tipos de moradias. Cole-as aqui. Abaixo de cada foto escreva o tipo da construção.

LEIA MAIS

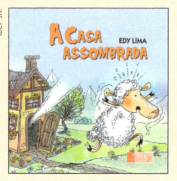

A casa assombrada

Edy Lima. São Paulo: Ibep Jr., 2014.

A ovelha vivia feliz em sua casinha até o dia em que, ao abrir a porta, escutou um ruído esquisito. Tremeu de medo e correu para fora, gritando!

EU GOSTO DE APRENDER

As moradias no tempo

As moradias mudaram muito ao longo da história. Há muito tempo, os primeiros seres humanos que viveram no planeta Terra não tinham moradia fixa, eles se abrigavam em cavernas, grutas e outros locais da natureza.

Ainda hoje os indígenas brasileiros constroem suas habitações com materiais encontrados na floresta, como palha e madeira.

Quando os povos europeus aqui chegaram, passaram a construir com materiais como barro, madeira e palha. Eles faziam casas de pau a pique ou taipa de pilão, cujas paredes são de barro prensado. Ainda são construídas casas assim em muitos lugares do Brasil.

Os portugueses usavam outros materiais também, como pedras, tijolos e azulejos. Há cerca de 300 anos, era comum se erguerem sobrados, nas cidades brasileiras. Muitos deles ainda existem e são conservados. São chamados **sobrados coloniais**.

Moradia Kamayurá. Parque Indígena do Xingu (MT), 2008.

Casa de pau a pique no interior do Piauí. Foto de 2010.

Sobrados coloniais no centro histórico de Salvador (BA). Foto de 2013.

ATIVIDADES COMPLEMENTARES

1 Marque um **X** na afirmação correta.

☐ Os primeiros seres humanos não precisavam de moradias e não se abrigavam em um lugar especial.

☐ As primeiras moradias foram locais da natureza onde os seres humanos se abrigavam, como as cavernas.

2 Desenhe um tipo de moradia muito comum há 300 anos, nas cidades brasileiras.

3 Pinte o quadrado das fotos que mostram um tipo de moradia construído no Brasil até hoje.

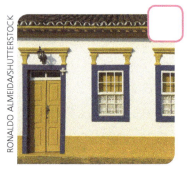

A passagem do tempo

1. Na historinha, os personagens conversam sobre dois aparelhos usados para ver as horas. Quais são?

2. O que a menina estranhou?

3. Como o pai do menino vê as horas?

4. Você já desenhou um relógio de mentira no pulso?

5. Além do relógio, como podemos perceber que o tempo passou?

ATIVIDADES

1 Desenhe, nos espaços a seguir, o que você faz ao longo do dia.

Manhã	Tarde	Noite

2 Pinte os quadros que indicam o que você faz nos fins de semana. Escreva nos outros quadros algo diferente que você faz nos sábados ou nos domingos.

Jogar bola com os amigos.	Estudar.	Jogar *videogame*.
Assistir a filmes em casa.	Visitar os parentes.	Passear com a família.

_____   _____
_____   _____

Que horas são?

Para poder medir o tempo, os seres humanos dividiram o dia em horas, minutos e segundos. Um dia tem 24 horas.
- Uma hora tem 60 minutos.
- Um minuto tem 60 segundos.

Essa divisão foi feita no passado com base na observação do dia e da noite e da posição do Sol e da Lua.

À medida que a divisão do tempo foi se tornando cada vez mais importante para os seres humanos, foi necessário criar um aparelho capaz de marcar essa passagem do tempo. Assim foi inventado o relógio.

Em cada período da história, um tipo de relógio foi o mais utilizado. Atualmente, os relógios mais comuns são os analógicos e os digitais.

Relógio analógico da estação de trem da Central do Brasil, Rio de Janeiro (RJ).

Relógio digital em painel de rua.

Acertando as horas

Existem dois modos de falarmos as horas. Podemos usar os numerais de 1 a 24. Ou os numerais de 1 a 12 e acrescentamos **da manhã**, **da tarde** e **da noite**.

Quando o relógio marca 12, dizemos que é meio-dia. Quando o relógio marca 24, dizemos que é **meia-noite**.

Observe os exemplos:

Maria Beatriz acorda às sete horas da manhã e vai dormir às nove horas da noite.

João Vítor almoça sempre ao meio-dia e janta às dezoito horas.

ATIVIDADES

1 Escreva que horas são:

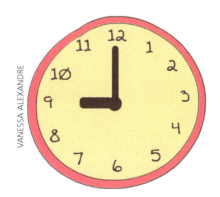

2 Complete:

Eu entro na escola às _____.

Saio da escola às _____.

Meu horário de almoço é _____.

Meu horário preferido para estudar em casa é das _____

às _____.

3 Marque um **X** na frase correta.

☐ Vou almoçar sempre ao meio-dia e meio.

☐ Vou almoçar sempre ao meio-dia e meia.

4 Qual outro modo de falar quando o relógio marca meio-dia e meia?

_____

_____

Que dia é hoje?

Podemos saber em que dia da semana estamos ou quando ocorrerá um feriado usando o calendário.

O calendário é um marcador do tempo que mede a passagem dos dias. Ele é dividido em dias, meses e anos.
Um ano tem 365 dias divididos em 12 meses.

- Os meses podem ter 30 ou 31 dias.
- Fevereiro é um mês diferente, pois tem 28 dias. Mas de quatro em quatro anos o mês de fevereiro tem 29 dias. Dizemos então que esse ano é bissexto, porque tem um dia a mais, e fica com 366 dias.
- Um mês é dividido em semanas.
- Cada semana tem sete dias.
- Os nomes dos dias da semana são: domingo, segunda--feira, terça-feira, quarta-feira, quinta-feira, sexta-feira e sábado.

2021

Janeiro

D	S	T	Q	Q	S	S
					1	2
3	4	5	6	7	8	9
10	11	12	13	14	15	16
17	18	19	20	21	22	23
24	25	26	27	28	29	30
31						

Fevereiro

D	S	T	Q	Q	S	S
	1	2	3	4	5	6
7	8	9	10	11	12	13
14	15	16	17	18	19	20
21	22	23	24	25	26	27
28						

Março

D	S	T	Q	Q	S	S
	1	2	3	4	5	6
7	8	9	10	11	12	13
14	15	16	17	18	19	20
21	22	23	24	25	26	27
28	29	30	31			

Abril

D	S	T	Q	Q	S	S
				1	2	3
4	5	6	7	8	9	10
11	12	13	14	15	16	17
18	19	20	21	22	23	24
25	26	27	28	29	30	

Maio

D	S	T	Q	Q	S	S
						1
2	3	4	5	6	7	8
9	10	11	12	13	14	15
16	17	18	19	20	21	22
23	24	25	26	27	28	29
30	31					

Junho

D	S	T	Q	Q	S	S
		1	2	3	4	5
6	7	8	9	10	11	12
13	14	15	16	17	18	19
20	21	22	23	24	25	26
27	28	29	30			

Julho

D	S	T	Q	Q	S	S
				1	2	3
4	5	6	7	8	9	10
11	12	13	14	15	16	17
18	19	20	21	22	23	24
25	26	27	28	29	30	31

Agosto

D	S	T	Q	Q	S	S
1	2	3	4	5	6	7
8	9	10	11	12	13	14
15	16	17	18	19	20	21
22	23	24	25	26	27	28
29	30	31				

Setembro

D	S	T	Q	Q	S	S
			1	2	3	4
5	6	7	8	9	10	11
12	13	14	15	16	17	18
19	20	21	22	23	24	25
26	27	28	29	30		

Outubro

D	S	T	Q	Q	S	S
					1	2
3	4	5	6	7	8	9
10	11	12	13	14	15	16
17	18	19	20	21	22	23
24	25	26	27	28	29	30
31						

Novembro

D	S	T	Q	Q	S	S
	1	2	3	4	5	6
7	8	9	10	11	12	13
14	15	16	17	18	19	20
21	22	23	24	25	26	27
28	29	30				

Dezembro

D	S	T	Q	Q	S	S
			1	2	3	4
5	6	7	8	9	10	11
12	13	14	15	16	17	18
19	20	21	22	23	24	25
26	27	28	29	30	31	

ATIVIDADES

1 Complete as frases:

A semana tem _____ dias.

Os dias da semana em que não temos aula são: _____

e _____.

O mês de fevereiro tem _____ dias, mas de _____

em _____ anos ele tem _____ dias.

Os outros meses têm _____ ou _____ dias.

2 Em que dia da semana você nasceu? Pergunte a algum adulto que mora com você.

_____

3 Faça no caderno uma tabela igual à apresentada a seguir. Depois, preencha essa tabela com as atividades que você realiza em cada período e dia da semana.

	Domingo	Segunda-feira	Terça-feira	Quarta-feira	Quinta-feira	Sexta-feira	Sábado
Manhã							
Tarde							
Noite							

EU GOSTO DE APRENDER

Confira o que você estudou nesta lição.
- Existem diferentes modos de perceber a passagem do tempo.
- A passagem do tempo interfere na nossa rotina.
- Há muitas formas de marcar e organizar o tempo.
- Os relógios marcam as horas, os minutos e os segundos.
- Os calendários marcam os anos, os meses e os dias da semana.

ATIVIDADES

1 Quais os tipos de relógio você conhece?

_____

2 Para que serve o calendário? Como ele é dividido?

_____

3 Desenhe nos relógios os ponteiros indicando os horários:

10 horas e 15 minutos.　　Meio-dia.　　3 horas e 30 minutos.　　6 horas e 45 minutos.

4 Preencha o calendário a seguir com as datas e os nomes dos aniversariantes da turma.

ANIVERSARIANTES

JANEIRO
D	S	T	Q	Q	S	S
					1	2
3	4	5	6	7	8	9
10	11	12	13	14	15	16
17	18	19	20	21	22	23
24	25	26	27	28	29	30
31						

FEVEREIRO
D	S	T	Q	Q	S	S
	1	2	3	4	5	6
7	8	9	10	11	12	13
14	15	16	17	18	19	20
21	22	23	24	25	26	27
28						

MARÇO
D	S	T	Q	Q	S	S
	1	2	3	4	5	6
7	8	9	10	11	12	13
14	15	16	17	18	19	20
21	22	23	24	25	26	27
28	29	30	31			

ABRIL
D	S	T	Q	Q	S	S
				1	2	3
4	5	6	7	8	9	10
11	12	13	14	15	16	17
18	19	20	21	22	23	24
25	26	27	28	29	30	

MAIO
D	S	T	Q	Q	S	S
						1
2	3	4	5	6	7	8
9	10	11	12	13	14	15
16	17	18	19	20	21	22
23	24	25	26	27	28	29
30	31					

JUNHO
D	S	T	Q	Q	S	S
		1	2	3	4	5
6	7	8	9	10	11	12
13	14	15	16	17	18	19
20	21	22	23	24	25	26
27	28	29	30			

JULHO
D	S	T	Q	Q	S	S
				1	2	3
4	5	6	7	8	9	10
11	12	13	14	15	16	17
18	19	20	21	22	23	24
25	26	27	28	29	30	31

AGOSTO
D	S	T	Q	Q	S	S
1	2	3	4	5	6	7
8	9	10	11	12	13	14
15	16	17	18	19	20	21
22	23	24	25	26	27	28
29	30	31				

SETEMBRO
D	S	T	Q	Q	S	S
			1	2	3	4
5	6	7	8	9	10	11
12	13	14	15	16	17	18
19	20	21	22	23	24	25
26	27	28	29	30		

OUTUBRO
D	S	T	Q	Q	S	S
					1	2
3	4	5	6	7	8	9
10	11	12	13	14	15	16
17	18	19	20	21	22	23
24	25	26	27	28	29	30
31						

NOVEMBRO
D	S	T	Q	Q	S	S
	1	2	3	4	5	6
7	8	9	10	11	12	13
14	15	16	17	18	19	20
21	22	23	24	25	26	27
28	29	30				

DEZEMBRO
D	S	T	Q	Q	S	S
			1	2	3	4
5	6	7	8	9	10	11
12	13	14	15	16	17	18
19	20	21	22	23	24	25
26	27	28	29	30	31	

EU GOSTO DE APRENDER+

Os relógios do passado

Os relógios que conhecemos hoje nem sempre existiram. No passado, as pessoas mediam o tempo de um jeito um pouco diferente de como medimos atualmente. Elas usavam, por exemplo, a posição do Sol, a areia e até a água.

Observe alguns aparelhos utilizados para medir o tempo antigamente.

O relógio de Sol é um instrumento que marca a passagem das horas com base na posição do Sol. Na foto, relógio de Sol do Jardim Botânico de Brasília (DF).

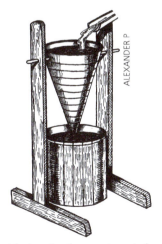

O relógio de água, também conhecido como clepsidra, é um dos instrumentos mais antigos de medição do tempo.

Na ampulheta, a areia cai de um recipiente para outro um determinado tempo.

ATIVIDADES COMPLEMENTARES

1 Ligue o relógio da coluna **A** ao seu respectivo nome na coluna **B**.

Relógio de Sol

Relógio analógico

Ampulheta

Clepsidra

Relógio digital

2 Organize uma linha do tempo para os relógios a seguir. Trace a linha da esquerda para a direita. Na esquerda, coloque o tipo de relógio mais antigo e, à direita, o tipo mais recente. Use os adesivos das páginas finais do livro.

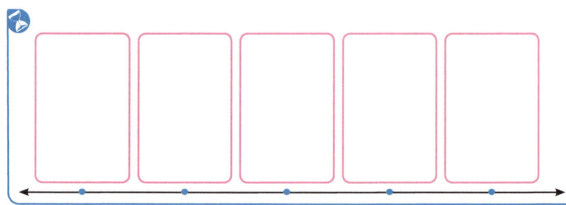

LIÇÃO 4

O tempo e a História

Um poema sobre o tempo

O **presente** é tudo o que acontece no momento em que vivemos.

O **passado** é tudo o que já aconteceu. Pode ter sido algo que aconteceu antes de você nascer, antes de seus pais nascerem ou mesmo algo que aconteceu ontem.

O **futuro** é tudo o que ainda não aconteceu, que vai acontecer em um tempo ainda não vivido.

Leia o poema.

O passado, o presente e o futuro!

O passado...
O passado já passou
Foi, não mais voltou
Nem nunca mais voltará...
Foi o que foi, existiu
Que se tinha de passar!

O presente...
O presente é este tempo
O agora, o já, este momento
Que penso, sinto e escrevo...

Meus dias, horas, anos
Amores, desamores, desenganos
Esperando desvendar o segredo!

O futuro...
O futuro é incerto
O futuro pode estar perto
Ou até nunca chegar...
O futuro do dia a dia,
O segredo, o medo, a fantasia
De um sonho realizar!

Chica Ilhéu. *O passado, o presente e o futuro!* Disponível em: <chicailheu.blogs.sapo.pt/95935.html>. Acesso em: 12 jun. 2018.

ATIVIDADES

1 Escolha um tempo descrito no poema e represente-o em um desenho.

2 A autora do poema afirma que "O passado já passou".

a) Escreva algo sobre um momento de sua vida que passou e foi importante para você.

b) Agora, desenhe esse momento.

3. Responda com as palavras "passado", "presente" e "futuro", de acordo com o poema.

a) "O agora, o já, este momento..."

_____

b) "Foi, não mais voltou..."

_____

c) "O _____ pode estar perto ou até nunca chegar..."

4. O que você está fazendo neste momento? Desenhe e escreva.

_____

_____

_____

- Marque com um **X**. O acontecimento que você desenhou faz parte do tempo:

☐ futuro. ☐ passado. ☐ presente.

5 Os lugares mudam com o passar do tempo. Observe, a seguir, fotos do Viaduto Santa Ifigênia, na cidade de São Paulo, em épocas diferentes.

Viaduto Santa Ifigênia, em São Paulo, por volta de 1920.

Viaduto Santa Ifigênia, em 2011.

- Como seria essa paisagem no futuro? Imagine-a e desenhe-a.

Há muito tempo e agora

Você já parou para pensar como era sua escola ou sua moradia no passado? E como era seu bairro há muito tempo?

Os lugares e as construções que existem em uma cidade contam um pouco sobre como os moradores dessas localidades têm vivido no decorrer do tempo.

Observe nas fotos a seguir as mudanças ocorridas em uma avenida na cidade do Recife (PE), em diferentes momentos.

Avenida Boa Viagem, no Recife (PE), na década de 1950.

Avenida Boa Viagem, no Recife (PE), em 1993.

Avenida Boa Viagem, no Recife (PE), em 2010.

ATIVIDADES

1 Responda às questões a seguir.

a) Há quanto tempo sua moradia foi construída?

_____

b) O que mudou e o que permaneceu igual nela ao longo dos anos?

_____

_____

c) Como você obteve informações sobre a história de sua moradia?

_____

2 Observe novamente as fotos da página anterior. Identifique o que mudou nessa avenida ao longo do tempo e preencha o quadro.

	1950	1993	2010
A calçada foi modificada.			
As árvores estão no canteiro central.			
As árvores estão na calçada.			
Há quiosques na calçada.			
Os modelos dos carros são diferentes.			
Os carros estacionavam no canteiro central.			

3 Observe com atenção a foto a seguir. Compare a sala de aula da foto com sua sala de aula.

Professora e alunos em sala de aula, nos anos 1960.

a) As carteiras de sua sala de aula são iguais ou diferentes das mostradas na foto?

☐ São iguais. ☐ São diferentes.

b) Quais são as semelhanças e as diferenças entre a carteira do passado e a atual?

_____

c) E o quadro de giz, é igual ou diferente?

☐ É igual. ☐ É diferente.

d) Quais são as semelhanças e as diferenças entre o quadro de giz do passado e o atual?

_____

EU GOSTO DE APRENDER

Leia o que você estudou nesta lição.

- O presente é tudo o que está acontecendo agora.
- O passado é tudo o que aconteceu antes, tudo o que já passou.
- O futuro é o que ainda vai acontecer.
- Os lugares mudam com o passar do tempo.
- Lugares e construções contam como as pessoas têm vivido ao longo dos anos.

ATIVIDADES

1 Relacione o acontecimento ao tempo.

A Presente. **B** Passado. **C** Futuro.

☐ Eu aprendi a ler aos 6 anos.

☐ No ano que vem, pretendo cursar o 3º ano.

☐ Eu estou lendo esta frase.

☐ Eu comecei a falar com 1 ano.

☐ Eu gosto de estudar História.

☐ Aos 8 anos, vou ganhar uma bicicleta.

2. Observe as fotos e responda.

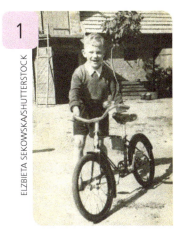

a) Registre uma semelhança entre as duas fotos.

___

b) Registre uma diferença entre as duas fotos.

___

c) Qual das duas fotos é a mais antiga?

___

LEIA MAIS

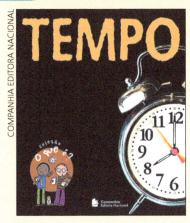

Tempo

Phillippe Nessmann. São Paulo: Companhia Editora Nacional, 2014. (Coleção O que é?)

Um livro que trata do tempo. O tempo passa, mas ninguém pode realmente dizer o que ele é. Será que é possível voltar ao passado?

EU GOSTO DE APRENDER +

Muitos objetos usados todos os dias e que temos disponíveis em muitos lugares nem sempre existiram.

Os primeiros computadores, por exemplo, foram desenvolvidos por volta de 1940. Eles são chamados pela sigla ENIAC. Observe, a seguir, um trecho da linha do tempo do computador.

| 1940 | 1980 | 1998 | 2018 |
| ENIAC | Computador de uso pessoal | Um novo modelo de computador pessoal | Um *notebook* contemporâneo |

ATIVIDADES COMPLEMENTARES

1. Na sua casa há objetos antigos usados pela família diariamente que ainda funcionam? Quais são eles?

_____

_____

2. E objetos antigos que não estão mais em uso? Quais são? Como são guardados?

_____

_____

_____

LIÇÃO 5

Os registros da história

Os objetos contam histórias

Quando um bebê nasce em uma maternidade, mãe e filho recebem uma pulseira de identificação. Na pulseira do bebê, escreve-se o nome da mãe. Na pulseira da mãe, o nome do bebê. Isso evita que as crianças sejam confundidas.

Qualquer objeto que traz informações sobre a história das pessoas pode ser considerado um **registro** ou uma **fonte material**.

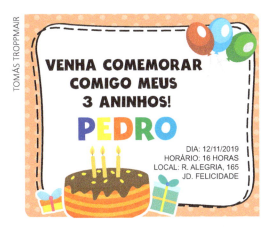

Um convite de festa de aniversário nos permite saber quando e onde uma criança comemorou seu aniversário.

O triciclo de uma criança conta parte da história de sua infância.

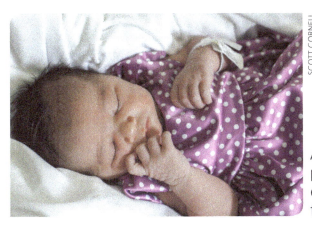

A pulseira usada por recém-nascidos é um exemplo de fonte material.

A história pessoal

Os brinquedos, as roupas, os livros, os diários, as fotos e muitos outros objetos podem ajudar a contar histórias sobre a vida das pessoas.

Além de conhecermos os gostos e as preferências de cada um, por meio dos objetos, é possível também conhecer os lugares por onde as pessoas passaram e as experiências que elas viveram, como os passeios, as viagens e as festas das quais elas participaram.

Uma sapatilha traz informações sobre quem a usou.

A bola de futebol de uma criança informa que ela pratica esse esporte.

O desenho expressa sentimentos e gostos, mas também pode retratar um momento ou uma experiência vivida por quem o fez.

As fotos mostram momentos especiais.

- Quais objetos contam a história de sua vida?

- Por que esses objetos contam a história de sua vida?

A história coletiva

Fazemos parte de diferentes grupos, como da família, da escola, do prédio, da rua, do bairro, da praça, do clube etc. Chamamos cada um desses grupos **comunidade**.

Cada comunidade tem uma história própria, formada no contato entre as pessoas que fazem parte dessa comunidade. Ou seja, diariamente, estamos construindo as histórias dos grupos dos quais fazemos parte.

Assim como acontece com as histórias pessoais, os objetos também contam um pouco da história das comunidades, das histórias coletivas.

Mas, além dos objetos, há também outros elementos que não são materiais e contam a história das comunidades, como os hábitos e costumes, as danças, as músicas, os pratos típicos etc.

As reuniões de organizações coletivas, como de um condomínio, são geralmente registradas em ata, que é um relato escrito de tudo que foi conversado durante o encontro.

Fotos e vídeos também são importantes registros das comunidades, porque são eles que muitas vezes serão usados no futuro como fontes de recordações do passado.

Costumes culturais, como as danças, também são elementos que unem as pessoas de um grupo. Na foto, adultos dançam músicas típicas gaúchas.

Os times de futebol de várzea são muito comuns na periferia das grandes cidades brasileiras. Muitos deles têm uniformes que contam a história desses times. Comunidade Ribeirinha Moura, Barcelos (AM).

- Você faz parte de muitas comunidades? Quais são elas?
- De que modo você e os outros membros registram as histórias dessas comunidades?

Museus são lugares de histórias

Os museus são lugares que contam histórias sobre pessoas, grupos e eventos. Eles abrigam e conservam diferentes tipos de fontes históricas: objetos antigos e novos, textos, filmes, músicas etc.

Há também vários tipos de museu. Alguns deles, além de conservarem objetos que contam histórias, também deixam expostos aos visitantes fontes históricas digitais, como vídeos, jogos, áudios etc.

O Museu do Futebol, localizado em São Paulo, conserva vários objetos que contam a história do esporte. Lá também há jogos eletrônicos, áudios, vídeos e imagens digitais que ajudam o visitante a entender mais a história do futebol no Brasil.

Gravações de rádio, músicas e entrevistas registradas com gravador são chamadas áudios, como os sons que captamos com o celular.

Muitos brinquedos do passado são exibidos em museus para que as pessoas possam estudá-los e compreender como eram as brincadeiras. Na foto, veem-se brinquedos expostos no Museu do Brinquedo e da Boneca, Viena (Áustria), 2000.

Os textos e as imagens contam histórias

As fontes escritas também são importantes, pois nos ajudam a entender um pouco mais sobre as histórias do passado, como a carta de Pero Vaz de Caminha. Nessa carta, ele narra o encontro entre portugueses e indígenas em 1500.

Da mesma forma, encontramos muitas **fontes iconográficas** que nos fornecem pistas sobre o passado.

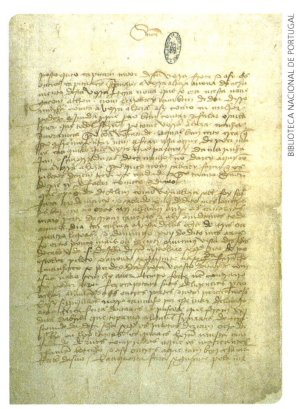

Carta de Pero Vaz de Caminha ao rei de Portugal sobre a expedição de Cabral no Brasil, em 1500.

VOCABULÁRIO

fontes iconográficas: fotos, obras de arte, ilustrações e mapas.

Uma pintura também é uma fonte iconográfica que nos ajuda a entender um pouco mais sobre as histórias individuais e coletivas. Na reprodução, a pintura *Festa Junina*, de Aracy Boucaut de Andrade (2017). Tinta acrílica sobre tela, 50 cm x 70 cm.

Os áudios e os filmes contam histórias

Você já ouviu **gravações antigas de rádio**? Já assistiu a programas de TV e a propagandas antigas? Já assistiu a filmes e desenhos que seus pais viram na infância?

Assim como as gravações de rádio, os programas, os comerciais de TV, os filmes e os desenhos de tempos atrás, os registros que fazemos de nossa vida em família e nas diversas comunidades das quais participamos também ficam marcados como a memória de um tempo, de uma época ou de um período.

Pai registrando um momento em família com o filho.

> Você costuma registrar em vídeo momentos importantes de sua vida? Como você guarda seus vídeos?

Casal registra em *selfie* o passeio no parque.

ATIVIDADES

1 Faça a correspondência de acordo com as indicações.

A Fonte escrita.

B Fonte ou registro.

C Fonte iconográfica.

D Áudio.

☐ Qualquer tipo de objeto que informe sobre a história das pessoas.

☐ São as gravações de rádio, as músicas e as entrevistas registradas com gravador.

☐ Traz imagens que nos transmitem informações sobre a história das pessoas e das comunidades.

☐ Registra por escrito informações pessoais ou de uma comunidade.

2 Complete a frase com as seguintes palavras: história, hábitos, objetos, materiais, comunidade, costumes.

Além dos _____, outras fontes que não são

_____, como os _____

e os _____ nos ajudam a conhecer a

_____ de uma _____.

3 Vamos imaginar que vocês vão organizar um museu para narrar a história da escola. Responda ao que se pede para ajudar na organização desse museu.

a) Qual registro ou fonte não pode faltar nesse museu? Desenhe-o abaixo.

b) Escreva o nome desse registro ou fonte:
_____

c) Por que você escolheu esse registro ou fonte? Qual a importância dele para a escola?
_____
_____

d) Esse registro ou fonte já está na escola? Caso já esteja, como você faria para expô-lo no museu? Caso não esteja, como seria possível obtê-lo?
_____

Os lugares contam histórias

Assim como objetos, textos, imagens, sons e filmes contam histórias, os lugares também podem explicar acontecimentos e eventos ocorridos no passado. Além disso, podem nos fornecer pistas sobre a história das pessoas que passaram ou moraram nesses lugares.

Os lugares que contam histórias podem ser de diversos tipos. Uma praça, uma rua, um monumento, um parque, uma casa particular, um prédio público etc.

Observe as fotos a seguir.

A Casa das Rosas, em São Paulo, foi construída em 1935 para ser a moradia de uma família. Com arquitetura típica do período em que foi erguida, hoje ela é um espaço público no qual ocorrem eventos literários.

A praça Luiza Távora, em Fortaleza (CE), abriga o Centro de Artesanato da cidade. Lá, é possível encontrar diversos tipos de artesanatos típicos do Ceará.

O Centro Histórico de Olinda (PE) representa uma arquitetura construída há muitos séculos, no período em que o Brasil ainda era colônia portuguesa. Mas, além disso, os materiais usados nessas construções e o padrão das casas também nos ajudam a entender um pouco mais sobre a história do lugar e das pessoas que já passaram por lá e das que vivem no local atualmente.

- Você já visitou algum lugar histórico? Qual? Onde ele fica?

ATIVIDADES

1. Encontre, no caça-palavras a seguir, três lugares que contam histórias.

M	L	V	C	T	F	B	L	U	C	Q	A
C	H	J	P	R	E	D	I	C	A	A	C
A	W	Q	A	G	R	K	O	O	Ç	H	X
S	I	F	Z	L	R	M	F	A	A	L	S
T	E	J	I	X	O	B	R	H	U	V	D
E	R	P	W	U	C	P	S	Y	K	O	V
I	R	R	A	D	C	J	I	S	T	P	L
G	M	O	N	U	M	E	N	T	O	R	Z
L	T	Q	H	F	Z	K	P	R	R	U	A

2. Na sua cidade ou bairro, há algum lugar que conte a história da comunidade? Qual é esse lugar?

_____

_____

3. E qual história da comunidade é representada por esse lugar?

_____

_____

_____

4. No caderno, desenhe como é esse lugar.

EU GOSTO DE APRENDER

Leia o que você estudou nesta lição.

- Os objetos contam histórias.

- Tudo o que conta a história de uma localidade é uma fonte histórica: roupas, brinquedos, cartas, documentos, casas, músicas, fotos etc.

- Toda pessoa e toda comunidade têm uma história.

- Os registros, as fontes ou documentos históricos precisam ser conservados, por isso podem ser encontrados em museus.

- Monumentos, casas, praças, parques e ruas são lugares que contam histórias.

ATIVIDADES

1 Os historiadores procuram vestígios do passado em fontes históricas. Circule-as.

2 Observe a foto e complete a ficha.

Museu Théo Brandão em Maceió (AL). Essa instituição abriga a coleção de arte popular do pesquisador Théo Brandão. Foto de 2015.

A foto mostra _____.

Esse museu está localizado em _____.

Esse museu guarda _____.

Os objetos guardados nesse lugar são _____.

LEIA MAIS

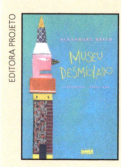

Museu desmiolado

Alexandre Brito. Porto Alegre: Projeto, 2011.

Poemas que falam de museus de tudo que se possa imaginar! Museu de solidão, de assobio, de vento... Até museu de chulé! Esse museu de museus é muito engraçado!

EU GOSTO DE APRENDER

Fontes históricas misteriosas

Os seres humanos sempre produziram registros de suas vidas. Eles desenharam, escreveram, pintaram em pedras, madeiras, em placas de barro, em papel feito de vegetais e em outros suportes.

Os pesquisadores analisam esses registros deixados por povos do passado para descobrir o que dizem. Muitos já foram decifrados, mas ainda existem inscrições misteriosas, que não sabemos o que significam.

Um exemplo é a escrita encontrada em uma região na qual hoje está localizado o Irã. Um cientista inglês até inventou uma máquina para fotografar e deixar essas inscrições bem nítidas, mas ninguém ainda sabe o que dizem. A única coisa que se descobriu é que foram feitas por pessoas que viveram ali há mais de 4 mil anos.

Gravura encontrada no Irã com registros gravados em argila.

ATIVIDADES

1 O texto que você leu apresenta fontes históricas:

☐ recentes, de um pesquisador inglês.

☐ muito antigas, com mais de 4 mil anos.

☐ o texto não apresenta fontes históricas.

2 Em sua opinião, é importante decifrar inscrições feitas por seres humanos no passado? Por quê?

_____

_____

3 Leia o texto e responda.

Você já ouviu falar de "cápsula do tempo"?

As pessoas que querem deixar uma "mensagem" para o futuro podem colocar em uma caixa alguns objetos que demonstrem como vivem. Essa caixa é enterrada ou guardada em algum local e espera-se que seja aberta muitos anos depois.

- Se você fosse preparar uma "cápsula do tempo" para as pessoas do futuro, o que você colocaria nela? Fotos? DVDs? Brinquedos? Celulares? Desenhe no espaço a seguir.

LIÇÃO 6

O mundo do trabalho

O que é trabalho?

Cientista pesquisando em seu laboratório.

Professor em sala de aula.

Homem realizando tarefas domésticas.

Funcionária de mercado recebe pagamento com cartão.

Você sabe que as pessoas adultas trabalham, não é? Em sua família, talvez exista alguém que saia todos os dias para trabalhar.

Então, o que é **trabalho**?

Trabalho é tudo aquilo que o ser humano produz com base em suas capacidades intelectuais e físicas. Estudar, arrumar a casa, cuidar dos filhos, dirigir um ônibus, recolher o lixo, plantar e colher verduras, consertar um carro, pintar um quadro, compor uma música, tudo isso é trabalho.

O trabalho remunerado e as profissões

Algumas pessoas trabalham e recebem salários. Essas pessoas, em geral, possuem uma profissão e um trabalho remunerado. Elas recebem um salário, ou seja, uma quantia em dinheiro em retribuição ao trabalho que executam.

Há profissões que existem há muito tempo, como a de sapateiro. Outras, porém, são novas, como a de programador de jogos eletrônicos.

No geral, as profissões mais antigas são passadas de pais para filhos, como uma tradição familiar. Por exemplo, no passado, não havia escolas nem cursos que formavam uma pessoa para ser sapateiro; era o pai que ensinava o filho a consertar e a fazer sapatos.

Hoje em dia, é cada vez mais comum as pessoas estudarem e se especializarem para poder exercer uma profissão. Um programador de jogos, por exemplo, precisa aprender a linguagem dos códigos de programação que vai fazer o jogo existir e funcionar. Talvez ele consiga aprender sozinho ou com algum parente ou amigo, mas provavelmente ele terá de frequentar um curso especializado ou uma faculdade.

11ª edição do Campus Party 2018, principal evento tecnológico que ocorre todos os anos no Brasil.

Trabalhadores nas cidades

Nas cidades, existem muitos trabalhadores em atividades urbanas, como no setor de **serviços**, por exemplo.

Serviços são as atividades que fornecem à população energia elétrica, rede de água e esgoto, transportes, correios, policiamento etc.

Assim, esses trabalhadores podem ser eletricitários, funcionários de rede de água e esgoto, motoristas e cobradores de ônibus, bancários, carteiros etc.

Professores, engenheiros, médicos, dentistas, fisioterapeutas e advogados também oferecem serviços à população.

Além dos serviços, na maioria das cidades existem **indústrias**. Os trabalhadores das indústrias são os operários. Eles podem ser mecânicos, funileiros, soldadores, tecelões etc.

Nas cidades, existem trabalhadores que se dedicam ao **comércio**. Nessa atividade, encontramos profissões como vendedores, caixas de supermercado, atendentes de lojas etc.

Taxista.

Montador de veículos.

Limpador de janelas.

Trabalhadores no campo

No campo, existem trabalhadores com grande variedade de profissões. Os trabalhadores das fazendas podem se dedicar à plantação ou à pecuária, por exemplo. Também podem cuidar dos laticínios, das fábricas de queijos e de alimentos etc.

Agrônomo em plantação de soja.

Trabalhador em máquina de colheita.

Vaqueiro.

Outro tipo de trabalhador é o **agricultor**, que cuida de pequenas plantações para consumo familiar ou para vender em feiras e supermercados nas cidades. O agricultor tem sítios ou chácaras e normalmente vive ali com a família.

Em muitas grandes propriedades, o número de trabalhadores tem diminuído por causa da mecanização da produção, isto é, a introdução de máquinas que fazem o trabalho de várias pessoas, como arar a terra, semear, colher etc.

Agricultora.

ATIVIDADES

1 Observe as fotos e escreva o nome da profissão.

_____ _____ _____ _____

2 Encontre o local de trabalho dos profissionais. Para isso, destaque os adesivos do final do livro.

3 Encontre nas frases a seguir a melhor definição de trabalho e circule-a.

a) Trabalho é uma atividade obrigatória para todos os seres humanos do planeta.

b) Trabalho é tudo aquilo que o ser humano produz com base em suas capacidades intelectuais e físicas.

c) Todo o trabalho é remunerado.

4 Preencha a cruzadinha com as profissões.

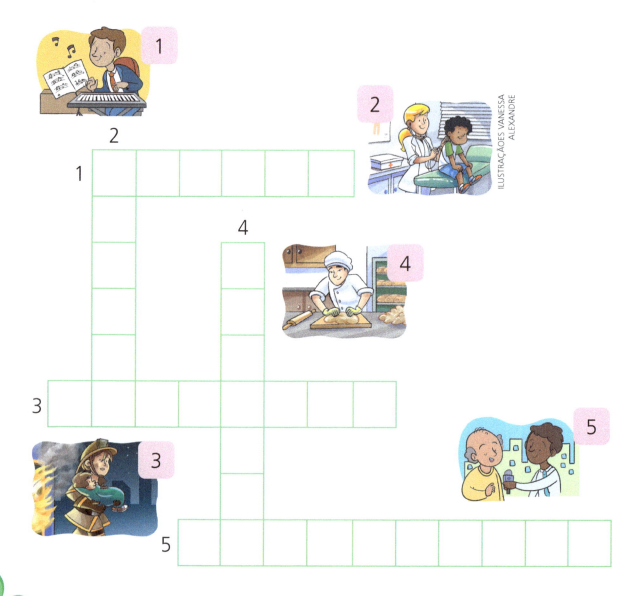

Profissões que desapareceram

Assim como têm surgido novas profissões, muitas outras já desapareceram. Trabalhos que eram comuns no passado deixaram de ser feitos e, por isso, o profissional especializado nessa atividade não existe mais. Acompanhe.

- **Motorneiro**: era o condutor de bondes.
- **Acendedor de lampiões**: era quem acendia lampiões de gás nas ruas, quando ainda não existia energia elétrica.

Bonde conduzido por motorneiro, São Paulo, 1954.

Acendedor de lampiões, Rio de Janeiro, por volta de 1900.

Muitas profissões estão desaparecendo em função dos avanços tecnológicos, como:

- **Caixa de estacionamento**: fornecem tíquetes e fazem a cobrança da taxa de estacionamento.
- **Cobrador de ônibus**: cobra a tarifa e fornece aos passageiros informações sobre o trajeto do ônibus.

EU GOSTO DE APRENDER

Confira o que você estudou nesta lição.

- Trabalho é tudo aquilo que o ser humano produz com base em suas capacidades intelectuais e físicas.

- Algumas pessoas trabalham e recebem salários. Possuem uma profissão e um trabalho remunerado.

- Há profissões que são mais praticadas na cidade, e outras, mais executadas no campo.

- Há profissões muito antigas, como a de sapateiro. E outras mais novas, como a de programador de jogos eletrônicos.

- Existem profissões que desapareceram, como motorneiros e acendedores de lampião.

- Há profissões que estão desaparecendo, como cobrador de ônibus e amolador.

ATIVIDADES

1. O que é salário?

_____

2. Marque um **X** na frase correta.

    ☐ Todo trabalho é remunerado.

    ☐ Atividades não remuneradas, como as tarefas domésticas, também são consideradas trabalho.

3. Com a ajuda dos adultos de sua casa, responda ao que se pede:

- A profissão de cada um deles:

_____ _____
adulto 1   adulto 3

_____ _____
adulto 2   adulto 4

4. No passado, havia muitas profissões que hoje não existem mais. Observe a foto ao lado e, depois, responda.

Aguadeiro, trabalhador que vendia água nas ruas das cidades. Paris, França. Foto de 1900.

a) Que trabalho esse homem fazia?

_____

b) Você já ouviu falar dessa profissão?

_____

c) Faça uma pesquisa na internet sobre a profissão de aguadeiro e registre nas linhas a seguir o resultado dessa pesquisa.

_____

_____

_____

EU GOSTO DE APRENDER +

Vendedores de antigamente

Observe esta pintura feita pelo artista francês Jean-Baptiste Debret, no século XIX.

Vendedores de leite e capim (1835), de Jean-Baptiste Debret. Litografia, 24 cm × 32,8 cm.

Nesse quadro, Debret representou pessoas escravizadas vendendo produtos no Rio de Janeiro.

Elas tinham de entregar parte do dinheiro recebido pela venda aos seus senhores.

Na época, elas eram chamadas "escravos de ganho".

ATIVIDADES COMPLEMENTARES

1) Descreva a imagem.

_____
_____
_____

2. Em sua opinião, para que as pessoas daquele tempo comprariam capim?

_____

3. Esses trabalhadores ficavam com o dinheiro obtido da venda desses produtos? Explique.

_____

4. Por que essas pessoas eram chamadas "escravos de ganho"?

_____

5. As profissões mostradas na litografia de Debret, "vendedores de leite" e "vendedores de capim", ainda existem?

_____

LEIA MAIS

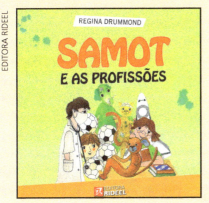

Samot e as profissões

Regina Drummond. São Paulo: Rideel, 2012.

O personagem Samot aparece em diversos livrinhos da coleção. Nesse volume, o leitor precisa descobrir qual é a profissão que ele exerce. Será médico? Professor? Astronauta?

O trabalho perto de você

Na sua opinião, essas pessoas estão no trabalho ou em um momento de lazer?

O trabalho doméstico

Limpar a casa, cozinhar, lavar a roupa e recolher o lixo são atividades chamadas **trabalho doméstico**. Há trabalhadores que recebem um salário para realizar essas tarefas, trabalhando na casa de pessoas que os contratam. No Brasil, porém, é muito comum que os próprios moradores da casa se encarreguem da execução dessas atividades.

No Brasil, é bastante comum que sejam as mulheres as encarregadas da realização das tarefas domésticas. E isso ocorre até com mulheres que têm trabalho remunerado. Esse acúmulo de tarefas é chamado dupla jornada, pois a pessoa trabalha tanto fora como dentro de casa. Mas, em algumas famílias, as tarefas são compartilhadas por todos os membros.

ATIVIDADES

1. Na sua opinião, qual é a mensagem retratada na imagem acima?

2. Você concorda com a mensagem da imagem? Justifique sua resposta.

Os trabalhadores da comunidade

Como você já aprendeu, todos nós fazemos parte de diferentes comunidades. Mas você já reparou na quantidade de pessoas que trabalham em cada uma delas?

Em todos os grupos dos quais fazemos parte, existem muitas pessoas que realizam atividades que ajudam todos os demais membros da comunidade, fazendo com que a comunidade funcione com mais eficiência. Essas pessoas recebem uma remuneração pelo trabalho que realizam.

O funcionário da padaria, o agricultor, o carteiro, o professor, o coletor de lixo e o veterinário são exemplos de trabalhadores da comunidade.

Professora.

Coletores de lixo.

Veterinário.

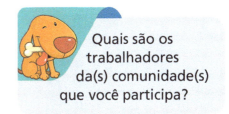

Quais são os trabalhadores da(s) comunidade(s) que você participa?

ATIVIDADES

1 A seguir, reconheça quem são os trabalhadores de sua comunidade. Escreva o nome da profissão e a importância de cada um deles para o lugar em que você mora.

Profissão: _____

É importante porque _____
_____.

Profissão: _____

É importante porque _____
_____.

Profissão: _____

É importante porque _____
_____.

Profissão: _____

É importante porque _____
_____.

Profissão: _____

É importante porque _____
_____.

Os tipos de trabalhadores

Você percebeu quantos trabalhadores são necessários para fazer uma comunidade funcionar?

Alguns desses trabalhadores são funcionários do governo. Eles são chamados **servidores públicos**. Isso porque se dedicam às atividades relacionadas ao funcionamento da sociedade, e a remuneração que recebem pelo trabalho que executam vem dos impostos pagos pela população.

Esses trabalhadores realizam atividades de grande importância para a população, trabalhando nas áreas da saúde, da segurança e da educação.

Além dos servidores públicos, há outro tipo de trabalhador que se dedica à população, principalmente às pessoas em situação difícil. São trabalhadores que atuam de modo **voluntário** e não recebem remuneração pelas atividades que realizam. Eles são guiados por princípios de solidariedade.

Policiais.
Rio de janeiro, 2016.

Barco do Projeto Saúde Alegria que atua na Amazônia com ações para o desenvolvimento comunitário integrado.

Você conhece alguma pessoa que realiza trabalho voluntário? Quem é? O que ela faz?

Criança não trabalha

O Estatuto da Criança e do Adolescente (ECA) é um conjunto de leis que protege as crianças brasileiras, garantindo que todas possam ser respeitadas, cuidadas, tenham direito ao lazer e a praticar esportes.

O ECA estabelece que nenhuma criança deve trabalhar. Porque o trabalho impede que essa criança desenvolva habilidades emocionais e intelectuais. Além disso, a criança que trabalha fica mais exposta à violência e aos riscos de se machucar.

Essa lei estabelece ainda que, a partir dos 14 anos, o adolescente pode ser aprendiz, ou seja, pode aprender uma habilidade profissional, por algumas horas ao dia. E somente a partir dos 16 anos o adolescente pode começar a trabalhar e a receber salário. Mas desde que essa atividade não prejudique sua saúde nem os estudos.

Criança trabalhando em fábrica de tijolos. Foto de 2011.

Cartaz da Secretaria Municipal de Desenvolvimento Social da cidade de Caitité (BA) para campanha de conscientização contra o trabalho infantil.

Atividades da criança em casa

Quando uma criança ajuda a família nas atividades de casa, ela está realizando um trabalho muito importante, que contribuirá para que aprenda a viver em grupo e a cuidar de si mesma.

As crianças podem ajudar em todas as tarefas que não apresentem riscos nem interfiram em seus estudos e em suas brincadeiras.

Em casa, a criança pode e deve ajudar nas atividades. Ela também deve ser responsável por cuidar de si mesma e de suas coisas.

Observe alguns exemplos.

ATIVIDADES

1 Assinale com um **X** o desenho em que algum direito das crianças não está sendo respeitado.

2 Crie uma frase alertando que no Brasil o trabalho infantil é proibido.

_____
_____
_____

3 Você conhece ou já ouviu falar de alguma criança que trabalha? Por que você acha que isso ainda acontece no nosso país?

_____
_____
_____
_____

4 Você trabalha fora de casa? Justifique sua resposta.

_____
_____
_____
_____
_____

5 Escreva quatro atividades que você realiza em casa para ajudar seus familiares.

_____
_____
_____
_____
_____

6 Marque um **X** nas atividades que NÃO são próprias para crianças.

☐ Cozinhar por conta própria, sem a presença de um adulto.

☐ Arrumar a cama e guardar os brinquedos.

☐ Ir sozinha ao supermercado e fazer as compras para casa.

☐ Auxiliar o(s) irmão(s) menor(es) enquanto os pais estão atarefados.

Da natureza para a nossa casa

No Brasil, é muito comum, pela manhã, as crianças tomarem café com leite, comerem pão com manteiga e, às vezes, alguma fruta, como mamão, banana e laranja.

Mas você já pensou de onde vem a comida que você consome todos os dias?

Muitas pessoas trabalham para que o alimento chegue até sua mesa. Observe, a seguir, quais os passos para a fabricação do pão.

Colheita de trigo.

Armazenamento do trigo em silos.

Produção da massa.

Transporte das sacas.

Produção da farinha de trigo.

Comercialização.

Consumo.

ATIVIDADES

1 Quais são os seus legumes, frutas e verduras prediletos? Eles são cultivados próximos à sua casa?

_____
_____
_____
_____

2 Este livro, seu caderno e todas as folhas que você utiliza para desenhar, escrever e pintar são de papel. Você já pensou como é feito o papel? Pesquise na biblioteca ou na internet as etapas da fabricação do papel. Depois, escreva aqui, em uma sequência que vai da origem ao uso na sala de aula, as etapas da produção do papel.

_____
_____
_____
_____
_____
_____
_____
_____

EU GOSTO DE APRENDER

Leia o que você estudou nesta lição.

- Limpar a casa, cozinhar, lavar a roupa e recolher o lixo são atividades chamadas trabalho doméstico.

- Dupla jornada é quando uma pessoa realiza um trabalho remunerado e também executa as tarefas da casa.

- Há pessoas que trabalham para a comunidade e recebem remuneração pelas atividades que realizam.

- Em uma comunidade, há diversos tipos de trabalhadores, como os funcionários públicos e os voluntários.

- O Estatuto da Criança e do Adolescente (ECA) proíbe o trabalho infantil.

- As crianças podem e devem fazer atividades para ajudar os familiares nas tarefas domésticas.

- As crianças podem cuidar do que é seu, como brinquedos, arrumar a cama, guardar suas roupas etc.

- As crianças não devem realizar tarefas perigosas ou que interfiram em seus estudos e brincadeiras.

- Com o trabalho de muitas pessoas, produtos são retirados da natureza e chegam até nós, para serem consumidos.

ATIVIDADES

1. Do momento em que sai de casa para ir à escola até seu retorno a casa, você se relaciona com diferentes trabalhadores. Quem são eles e quais atividades realizam?

Preencha o quadro a seguir.

TRABALHADOR	ATIVIDADE

2 Preencha a tabela a seguir com as tarefas realizadas em sua casa e a pessoa responsável por executá-las.

TAREFA	RESPONSÁVEL

3 Com base no quadro que você preencheu, qual é o membro da família que mais executa tarefas?

_____

_____

_____

EU GOSTO DE APRENDER +

O trabalho infantil no passado

No passado, não havia leis que protegessem as crianças, como hoje existe o ECA. As crianças eram consideradas "adultos imperfeitos", que ainda não haviam crescido, por isso não eram capazes de executar as mesmas atividades que os adultos executavam.

Não havia roupas apropriadas para as crianças brincarem livremente. Não havia escolas que acompanhassem o crescimento das crianças. Também não havia atividades de lazer que fossem consideradas exclusivas das crianças.

Naquele tempo, as crianças eram obrigadas a trabalhar e o salário que recebiam ajudava a pagar as despesas da família.

Elas começavam a trabalhar por volta dos 6 anos. A maioria delas trabalhava em fábricas de tecido, cerca de quatorze horas por dia. E, mesmo trabalhando tanto, elas recebiam muito menos que os adultos, exatamente porque não eram adultos.

Essas crianças não podiam brincar nem conversar durante o expediente de trabalho, chegando a serem fisicamente castigadas caso não cumprissem as ordens do proprietário da fábrica.

Por causa dos maus-tratos e às longas horas de trabalho, elas ficavam constantemente doentes, e a mortalidade entre as crianças era muito alta.

Cena em mina de carvão na Inglaterra, ilustração.
Le Magasin Pittoresque, 1843.

ATIVIDADES COMPLEMENTARES

1 Observe as fotos a seguir e responda ao que se pede.

a) Quais imagens são do passado e quais são dos dias atuais? Como você conseguiu identificar essa diferença?

_____

b) Em quais dessas imagens podemos dizer que as crianças estão trabalhando por um salário?

_____

c) Você realiza alguma atividade parecida com a das fotografias? Qual?

LIÇÃO 8

Datas comemorativas

Dia Nacional do Livro Infantil

Em 18 de abril de 1882, na cidade de Taubaté, no estado de São Paulo, nasceu José Bento Renato Monteiro Lobato.

Juca, como era chamado, brincava com as irmãs menores, Ester e Judith, com os brinquedos feitos por eles próprios, usando sabugo de milho, chuchus e mamão verde. Gostava de ler os livros de seu avô materno, o visconde de Tremembé. A mãe ensinou o menino a ler e a escrever. Aos 7 anos, ele entrou na escola.

Monteiro Lobato foi um grande escritor brasileiro. Ele escreveu dezessete livros para crianças e também outros para adultos. A data de seu nascimento, **18 de abril**, foi escolhida para comemorar o Dia Nacional do Livro Infantil.

O escritor na editora que ele fundou, Monteiro Lobato e Cia. Editores, em 1920.

LEIA MAIS

Reinações de Narizinho

Monteiro Lobato. São Paulo: Globo, 2012.

O livro narra as aventuras que acontecem no Sítio do Picapau Amarelo e apresenta Emília, Tia Nastácia, Dona Benta e sua neta Lúcia. Mais conhecida como Narizinho, é Lúcia quem conduz o leitor nas viagens pelo mundo da fantasia.

ATIVIDADES

1. Você conhece os personagens do Sítio do Picapau Amarelo?

   • Identifique alguns deles de acordo com as informações a seguir.

   A É a menina do nariz arrebitado.

   B Sábio feito de sabugo de milho.

   C Boneca de pano falante.

   D Faz doces muito gostosos.

   E Mora na cidade e passa as férias no sítio.

   F É a vovó mais querida do mundo.

ILUSTRAÇÕES: JOSÉ LUIS JUHAS

 Você se lembra dos nomes desses personagens?

Dia do Indígena

No dia **19 de abril**, comemora-se o Dia do Indígena.

Antes da chegada dos portugueses, outros povos já habitavam o Brasil. Eles receberam o nome de "índios", dado pelos primeiros navegadores, que pretendiam chegar às Índias, terras onde havia produtos para serem comprados e vendidos na Europa. Porém, em vez de chegar às Índias, esses primeiros navegadores acabaram encontrando um novo continente, a América.

A chegada dos portugueses trouxe problemas para a vida dos povos indígenas. Muitos foram obrigados a abandonar suas terras, outros foram levados à força para trabalhar nas fazendas criadas pelos novos moradores.

No Brasil, ainda existem muitas nações indígenas, com costumes diferentes uns dos outros. Esses costumes são, muitas vezes, diferentes dos praticados nas cidades, pelos não indígenas. As vestimentas, os alimentos, o modo de trabalhar e as moradias mostram essas diferenças.

Índios Yawalapiti, da aldeia Tuatuari, durante a festa do peixe para alegrar a aldeia quando ela está triste. Gaúcha do Norte (MT).

ATIVIDADES

1 Procure no diagrama algumas atividades desenvolvidas pelos povos indígenas brasileiros. Consulte o quadro a seguir.

caçar   plantar   pintar   pescar   colher   construir

W	A	P	P	L	A	N	T	A	R
A	C	I	E	A	A	A	A	A	A
C	O	N	S	T	R	U	I	R	H
V	L	T	C	A	Ç	A	R	G	A
Z	H	A	A	O	H	E	L	M	A
A	E	R	R	A	A	A	A	A	A
A	R	A	A	A	A	A	A	A	A

2 A influência da cultura indígena está presente em nosso dia a dia. Pesquise e cite exemplos da influência indígena na cultura brasileira:

a) no vocabulário: _____.

b) na culinária: _____.

c) nos costumes: _____.

99

3 Observe as fotos de algumas crianças indígenas.

Crianças no Parque Indígena do Xingu, no estado de Mato Grosso.

Crianças indígenas em Uiramutã, no estado de Roraima.

a) O que as fotos mostram?

_____

_____

b) Quais são as diferenças entre as fotos?

_____

_____

c) E quais são as semelhanças?

_____

_____

d) O jeito de brincar das crianças indígenas é muito diferente do seu jeito de brincar? Explique.

_____

_____

Dia da chegada dos portugueses ao Brasil

Imagine o que pensaram os indígenas, primeiros habitantes do território brasileiro, quando viram chegar pelo mar grandes barcos com pessoas muito diferentes deles.

Em 1500, o rei de Portugal organizou uma esquadra de caravelas e naus para procurar novas terras. O comandante dessa esquadra foi Pedro Álvares Cabral.

No dia **22 de abril** de 1500, a esquadra avistou um monte, que recebeu inicialmente o nome de Monte Pascoal. Pensando que a terra descoberta fosse uma ilha, Cabral deu a ela o nome de Ilha de Vera Cruz.

Mais tarde, ao se constatar o engano, pois se tratava de um grande território, mudou-se o nome para Terra de Santa Cruz.

Como havia aqui grande quantidade de pau-brasil, uma árvore de madeira cor de brasa da qual se extraía uma tinta vermelha que servia para tingir tecidos, a terra passou a ser chamada de Brasil.

Hoje, no entanto, existem no país poucas árvores dessa espécie que emprestou seu nome para o país que nascia.

Desembarque de Pedro Álvares Cabral em Porto Seguro em 1500 (1922), de Oscar Pereira da Silva. Óleo sobre tela, 190 cm × 333 cm.

ATIVIDADES

1 Marque um **X** nas alternativas que completam as frases a seguir.

a) Comandava a esquadra que chegou ao Brasil em 1500:

☐ Pero Vaz de Caminha. ☐ Dom João III.

☐ Pedro Álvares Cabral.

b) Os portugueses chegaram à nova terra utilizando:

☐ submarinos e naus. ☐ naus e caravelas.

☐ aviões e caravelas.

2 Leia com atenção.

> "[...] havia uma árvore de madeira cor de brasa, da qual se extraía uma tinta vermelha [...]"

a) O texto está se referindo a que árvore?

_____

_____

b) Para que ela servia?

_____

_____

c) Hoje em dia, essa árvore ainda existe?

_____

_____

Dia do Trabalhador

Como você já estudou, todos os dias temos diferentes tipos de trabalho e trabalhadores.

O trabalho é muito importante na vida das pessoas. Com o salário que recebem em troca das atividades que desenvolvem, elas obtêm o sustento de suas famílias.

Agricultores cultivam beterrabas em Santa Maria de Jetibá (ES). Foto de 2008.

Além disso, toda sociedade depende do trabalho realizado pelos diferentes grupos de trabalhadores. Precisamos daqueles que plantam e colhem alimentos, dos que produzem roupas, dos que tratam de nossa saúde, dos que cuidam de nossa educação, dos que coletam os resíduos urbanos e de muitos outros trabalhadores.

Por isso, é importante lembrar que todo trabalho é útil e necessário e todos os trabalhadores merecem respeito. No dia **1º de maio**, reforçamos esse respeito homenageando todos os trabalhadores.

Costureira produz roupas em Ibirá (SP). Foto de 2013.

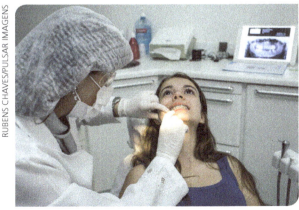

Dentista atende paciente em Itapevi (SP). Foto de 2013.

Professora de Educação Física dá aula em escola em Nova Resende (MG). Foto de 2014.

ATIVIDADE

Leia o poema.

O que é que eu vou ser?

Bete quer ser bailarina,
Zé quer ser aviador.
Carlos vai plantar batata,
Juca quer ser ator.
Camila gosta de música.
Patrícia quer desenhar.
Uma vai pegando o lápis,
A outra põe-se a cantar.
Mas eu não sei se vou ser
Poeta, doutora ou atriz.
Hoje eu só sei uma coisa:
Quero ser muito feliz!

Pedro Bandeira. *Por enquanto eu sou pequeno.*
São Paulo: Moderna, 2002.

- Complete o quadro com o que as crianças do poema querem ser quando crescer.

Bete		Juca	
Zé		Camila	
Carlos		Patrícia	

- E você, gosta de fazer o quê?

Dia das Mães

O Dia das Mães é comemorado sempre no **segundo domingo do mês de maio**.

Mãe é a pessoa que está sempre do nosso lado, acompanhando o nosso crescimento com carinho e segurança, mesmo que não tenhamos nascido dela.

O mais importante nesse dia é mostrar a ela o quanto é amada e querida. E é fundamental mostrar em todos os outros dias do ano nosso carinho e nosso respeito a essa pessoa que cuida tanto de nós.

ATIVIDADES

1 Qual é o nome de sua mãe?

Escreva no quadro abaixo.

2 Quais são as características de sua mãe de que você mais gosta? Registre.

_____

_____

_____

3 Como você gostaria de homenagear sua mãe neste Dia das Mães? Desenhe e escreva como você faria essa homenagem.

Festas Juninas

Como já diz o nome, essas festas são realizadas no mês de junho para homenagear:

- Santo Antônio (santo casamenteiro), no dia 13 de junho;
- São João (a fogueira é um símbolo de seu nascimento), no dia 24 de junho;
- São Pedro, no dia 29 de junho.

Essas festas fazem parte do folclore brasileiro, representando a nossa cultura popular. São realizadas em diferentes lugares do Brasil. A origem das Festas Juninas está nas festas em comemoração à colheita que ocorriam no Europa, que depois foram incorporadas no calendário da Igreja e chegaram ao Brasil com os portugueses em 1500.

Festa junina em Pirapora do Bom Jesus, SP.

Nas Festas Juninas, é costume:

- enfeitarem-se os locais das festas com bandeirinhas coloridas;
- usar trajes caipiras;
- dançar quadrilha;
- comer pipoca, milho-verde assado ou cozido, pé de moleque, pamonha, bolo de fubá etc.

Em algumas Festas Juninas há fogueira e fogos de artifício. Eles são perigosos e podem causar queimaduras ou acidentes graves.

As crianças devem ficar longe da fogueira e dos fogos de artifício, e os adultos devem ter muito cuidado ao mexer com eles.

Apresentação de quadrilha na festa junina de Campina Grande, PB.

Apresentação de quadrilha durante a festa junina em Pirapora do Bom Jesus, SP.

ATIVIDADES

1. Você gosta de festa junina?

2. Você já dançou quadrilha alguma vez? Já se fantasiou de caipira?

3. Quais as comidas típicas das festas juninas que você mais aprecia?

Dia dos Pais

Comemora-se o Dia dos Pais no **segundo domingo de agosto**.

Nesse dia ocorrem homenagens aos pais e às pessoas que têm esse papel em nossa vida. Mas as atitudes de carinho e respeito com os pais e as pessoas que tomam conta de nós devem acontecer todos os dias do ano.

ATIVIDADES

1. Quais atitudes abaixo devemos adotar sempre com nosso pai ou com a pessoa que toma conta de nós? Pinte os quadrinhos.

☐ Tratar sempre com respeito.

☐ Não ajudar nas tarefas da casa.

☐ Ser sempre companheiro e atencioso.

2. Você se parece com seu pai ou com a pessoa que cuida de você? Em quê?

---

3 Escreva um texto para homenagear seu pai ou a pessoa que cuida de você nesse Dia dos Pais. Depois, enfeite seu texto e deixe-o bem bonito.

Dia da Árvore

No dia 21 de setembro comemoramos o Dia da Árvore. As árvores são muito importantes para todos os seres vivos porque são abrigo para muitos animais, oferecem sombra, proporcionando maior umidade ao ambiente, produzem flores, frutos e sementes. Além disso elas compõem belas paisagens.

Aspecto da floresta amazônica com suas árvores exuberantes.

Os seres humanos dependem das árvores também para obter madeira, fabricar móveis, portas e outros materiais, além de produzir papel. Mas, para isso, existem os reflorestamentos, que são áreas com plantio de árvores apropriadas para essas finalidades.

As árvores formam belas florestas e também podem ornamentar ruas, avenidas, praças e parques.

Nos parques, as árvores tornam esses espaços públicos lugares agradáveis para muitas atividades de lazer.

Das florestas, parques, praças e das nossas casas não se deve cortar árvores, mas sim plantá-las.

Imagine como seriam as paisagens se elas não existissem?

ATIVIDADES

1. Procure observar uma árvore plantada em sua casa, em sua rua ou mesmo próximo a sua escola e responda às perguntas a seguir.

a) Que tipo de árvore você observou? É uma árvore frutífera?

b) Como você acha que ela nasceu? De uma semente ou de uma muda?

c) A árvore é alta ou baixa?

d) Como é o tronco? Tem casca grossa ou fina?

e) Como são as folhas?

f) Do que ela se alimenta?

2 Faça uma lista com o nome de árvores que você conhece. Você pode perguntar para os mais velhos que vivem com você quais árvores eles conhecem.

Adesivos para colar na página 28.

Adesivos para colar na página 44.

Adesivos para colar na página 73.